AF226776

Victor GELEZ

Pour que le Peuple devienne souverain il lui faut :

SAVOIR..... VOULOIR..... POUVOIR.....

PRIX : **1** franc.

Franco par la Poste :

1 fr. 25

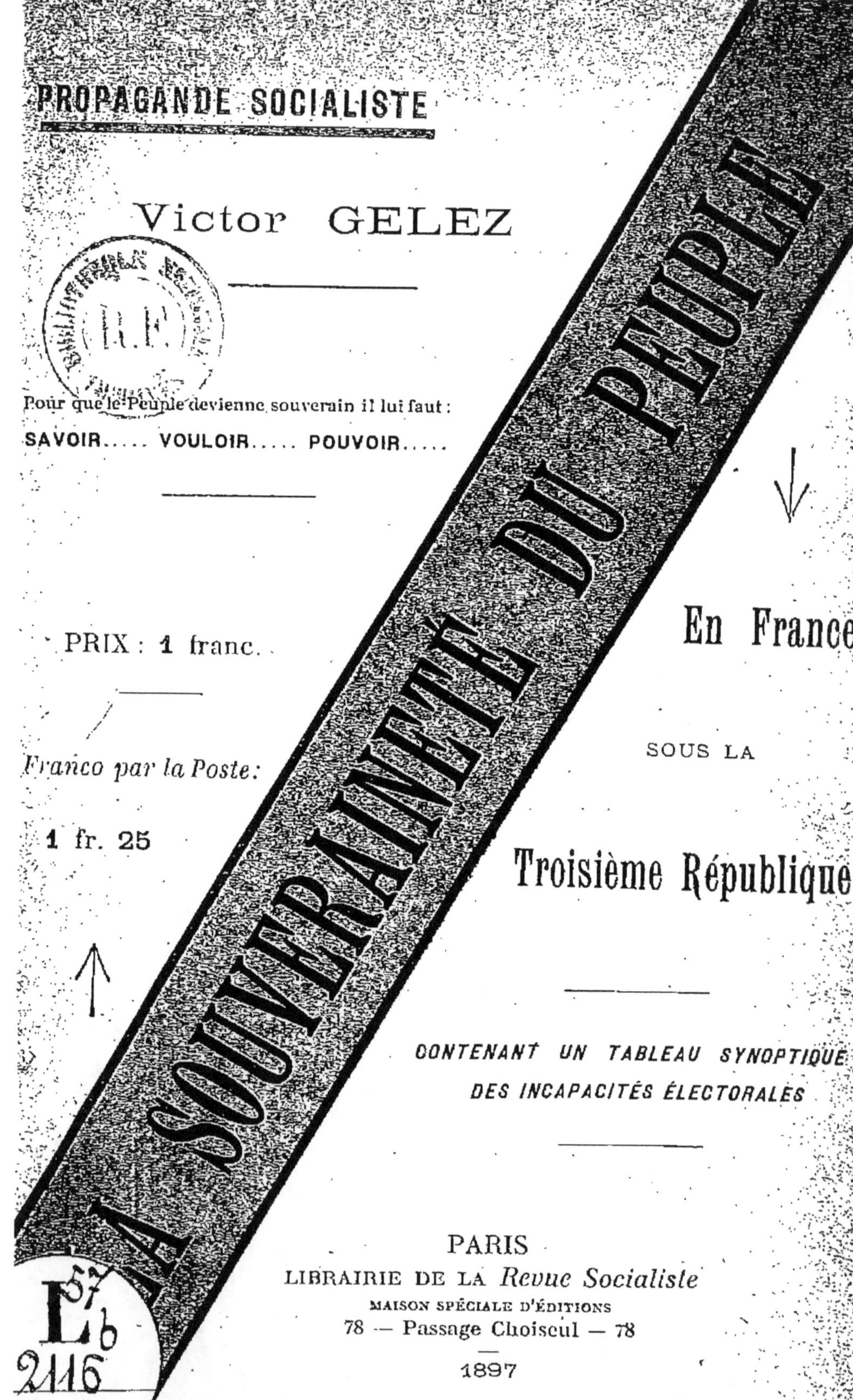

En France

SOUS LA

Troisième République

CONTENANT UN TABLEAU SYNOPTIQUE
DES INCAPACITÉS ÉLECTORALES

PARIS
LIBRAIRIE DE LA *Revue Socialiste*
MAISON SPÉCIALE D'ÉDITIONS
78 — Passage Choiseul — 78

1897

PROPAGANDE SOCIALISTE

Victor GELEZ

Étude sur la crise économique. — Rapport à la Commission d'enquête parlementaire (1884). — Brochure . . . . *(Épuisée)*

Service national de solidarité, garantissant une pension viagère aux vieillards des deux sexes (1894). . . . . » 20

OUVRAGES concernant la SOUVERAINETÉ DU PEUPLE

BENOIST (Ch.)

De l'organisation du Suffrage universel (F. Didot).

CÉSAR DE PAEPE

Le Suffrage universel et la capacité politique de la classe ouvrière (Biblioth. Socialiste) . . . » 05

CHARNAY (Maurice)

Législation directe et parlementarisme (Librairie de la *Revue Socialiste*) . . . . » 20

DULAURIER

Opinion de Lamartine sur le Scrutin de liste (Lahure) . . . .

JUNQUA (D^r)

De la Justice dans l'exercice de la Souveraineté (Sandoz) . . . .

LAVY (Aimé)

La représentation du Prolétariat au Parlement.

LEVERDAYS

Les Assemblées parlantes (Carré), gr. in-8º . . . 3 50

PIERRE (Eugène)

Traité de Droit politique électoral et parlementaire (Librairies réunies, 2, rue Mignon, 1893), grand in-8º 15

PROUDHON

De la capacité politique des Classes ouvrières. In-12. . . . . 3 50

POUPIN (Victor)

Le Mandat impératif (Bibl. démocratique, 1873). *(Épuisé)*

RITTINGHAUSEN

La Législation directe par le peuple et ses adversaires (Librairie de la *Revue Socialiste*) . . . » 5

LA SOUVERAINETÉ DU PEUPLE EN FRANCE

SOUS LA TROISIÈME RÉPUBLIQUE

LA
SOUVERAINETÉ DU PEUPL

EN FRANCE

Sous la Troisième République

PAR

VICTOR GELEZ

Contenant un Tableau synoptique des incapacités électorales

Pour que le Peuple devienne souverain il lui faut:
SAVOIR... VOULOIR... POUVOIR...

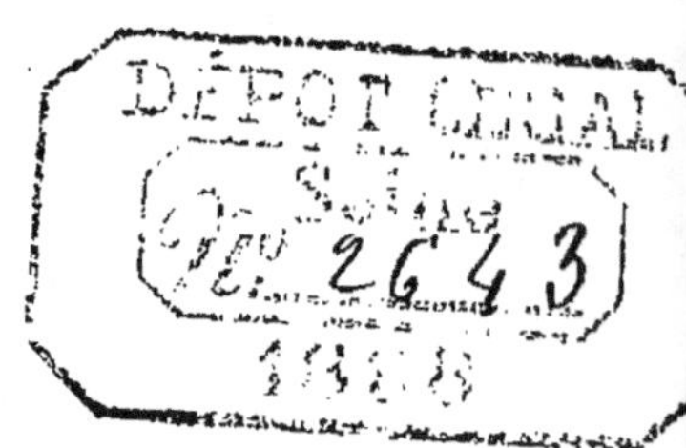

PARIS

LIBRAIRIE DE *LA REVUE SOCIALISTE*

MAISON SPÉCIALE D'ÉDITIONS

78 — Passage Choiseul — 78

—

1897

INTRODUCTION

Pourquoi encore une brochure qui, comme ses sœurs aînées, sera peu ou point lue ?

Pour plusieurs raisons.

D'abord parce que l'expérience nous a démontré ceci : les discours s'envolent, les journaux ou circulaires se perdent ou sont déchirés en cachette par les ménagères, les affiches n'ont qu'une existence de quelques jours au plus. De tout cela autant en emporte le vent.

Seuls, la brochure, le livre, et aussi l'image et la chanson, ont quelque chance de rester, de contribuer à l'éducation du Peuple et de préparer des résultats pour l'avenir.

Nous pensons même que la presse socialiste rendrait un service à la cause si elle publiait, périodiquement, *sans aucun exclusivisme*, un catalogue complet de tous les livres, brochures et autres documents concernant la Rénovation sociale.

Ensuite, d'une manière générale, nous tentons

de provoquer une vigoureuse action démocratique tendant à la suppression de toutes les inégalités et de tous les abus maintenus *systématiquement* contre le Peuple et qui viennent entraver l'exercice de ses droits civiques.

Particulièrement, nous appellerons l'attention publique sur quelques points importants de la législation électorale actuelle, ignorés de beaucoup d'électeurs, et notamment sur *l'odieuse légalité* en vertu de laquelle, dans les scrutins électoraux, les bulletins blancs sont « SOUSTRAITS » du nombre des votes et N'ENTRENT PAS EN COMPTE dans le calcul de la majorité.

A ce sujet, dans une circulaire du 7 juin 1896, relative à l'élection municipale du quartier Saint-Ambroise, nous nous exprimions ainsi :

« Pour le moment, nous ne voulons faire qu'une « simple constatation, c'est que sans cette *soustraction* des « 192 bulletins blancs, il y avait ballottage et le citoyen « Levraud n'était pas élu.

« Et quand on pense que ce « vol » se commet à « l'égard du Corps électoral au moyen de l'application « d'un DÉCRET de l'Empire, on peut à bon droit s'indigner « et se demander ce qu'ont fait, depuis 1870, les législa- « teurs *républicains* qui n'ont su trouver le temps d'abro- « ger une si monstrueuse légalité.

« Aussi, nous promettons-nous de déposer une propo- « sition dans ce sens, dès qu'il nous sera possible. »

Cette promesse, nous la tenons aujourd'hui.

En adoptant le titre que nous avons donné à cette brochure, nous n'avons pas eu la pensée d'analyser la théorie de la souveraineté du Peuple dans tous les développements qu'elle comporte.

Cette besogne ardue, si difficile, ne peut être contenue dans une brochure de quelques pages ; elle nécessite une longue élaboration, au-dessus du temps dont nous pouvons disposer et de nos moyens matériels d'existence.

Donc, en ce qui concerne l'étude théorique, nous nous permettons de signaler aux lecteurs, entre autres, l'œuvre magistrale commencée par le citoyen E. Leverdays, dans son beau livre : *Les Assemblées parlantes*, œuvre qu'il n'a pu terminer, malheureusement, par suite d'une mort douloureuse et prématurée.

C'est pourquoi, dans le présent travail, nous nous sommes limité à un commentaire succinct, invoquant le raisonnement du bon sens et recherchant surtout à mettre en évidence les améliorations *positives*, correspondant à la réalité des choses, dont le Peuple doit vouloir la revendication immédiate.

Ce travail est divisé en deux parties : la première, *théorique* ; la seconde, *pratique*, contenant deux propositions de loi, avec leur exposé des motifs.

A notre avis, cette méthode est la préférable. Toute œuvre *exclusivement* critique, si parfaite fût-elle, est incomplète quand elle ne présente pas de conclusions.

Les orateurs et les écrivains qui ne « concluent » jamais, s'ils n'en sont empêchés par des cas de force majeure, ressemblent au médecin qui, dans sa consultation, se contenterait d'établir le diagnostic de la maladie, puis, sans se préoccuper de la vie du malade, partirait en oubliant de lui prescrire les remèdes qui doivent alléger ses souffrances, réconforter ses forces et le préparer à la guérison.

Or, le Peuple de France est profondément atteint, débilité : au moral, par l'absence d'une éducation civique, humanitaire ; par le spectacle démoralisateur des vols impunis de la Finance, des spéculations affamantes protégées par les lois, d'une justice bénévole pour les puissants, impitoyable pour les petits ; au physique, par les guerres et les invasions du siècle, par les boucheries réactionnaires de 1848 et de 1871, par le surmenage d'un travail accompli dans des conditions insalubres, enfin par la misère, résultat fatal du système capitaliste.

Pour remédier à une telle situation, les critiques et les théories ne suffisent pas. Il faut davantage.

Il faut l'application raisonnée d'un régime défini, qui combatte le mal dans ses causes originelles et, tout au moins, l'atténue dans ses effets les plus immédiats. Dans les réformes préconisées, nous nous sommes efforcé d'en indiquer les points principaux.

(Juillet-Août 1897.)

V. G.

PREMIÈRE PARTIE

CHAPITRE PREMIER

Quelques considérations sur la théorie de la souveraineté
du Peuple.

Il est des principes supérieurs dont la contestation n'est plus possible pour tout homme conscient et de bonne foi. Telles sont : la légitimité absolue du droit républicain, celle des libertés de parole, de presse, de réunion, d'affichage, etc., qui font partie intégrante de la souveraineté d'un peuple.

En effet, aucun peuple ne peut se donner *un maître* ou *des maîtres*, ne peut aliéner ses libertés de penser, de parler et d'écrire, sans, de fait, perdre sa propre souveraineté.

Donc, de par la logique la plus élémentaire, la reconnaissance de ces principes supérieurs ne peut être soumise à la décision d'un peuple, ne peut, en aucun cas, dépendre de la volonté d'une *majorité* quelconque.

Mais, en dehors de ces principes fondamentaux, qui sont les conditions essentielles du progrès humain, nous pensons que la vérité ABSOLUE n'existe que dans les sciences exactes, parce qu'elles procèdent de principes complètement éterminés, dont la généralisation est universelle, t qui, par leur immutabilité, peuvent seuls donner les solutions irréfutables.

Conteste-t-on et peut-on contester le caractère *absolu* de l'axiome arithmétique : « 2 et 2 font 4 » ou de l'axiome géométrique : « La ligne droite est le plus court chemin d'un point à un autre »? Non, ce sont des vérités définitives.

En est-il de même en politique? Les principes de cette science (car c'en est une) sont-ils suffisamment déterminés pour qu'on en puisse tirer des solutions incontestables? Personne ne peut valablement soutenir cette thèse. Au contraire, tout citoyen réfléchi et sincère reconnaîtra que, en politique, les vérités découvertes ne sont que *relatives*, car elles sont dépendantes de la diversité des peuples dans leur caractère, leurs mœurs, leurs croyances, etc.

Par exemple, ceux qui admettent pour un pays civilisé le principe de la souveraineté du Peuple, consentiraient-ils, *actuellement*, à étendre son application au monde tout entier et à s'incliner *quand même* devant le résultat d'une consultation universelle?

Evidemment non! *Actuellement*, on ne peut concevoir que la souveraineté du Peuple *par nations*.

Dès lors, on comprend facilement qu'un principe dont l'application ne peut être *généralisée*, n'a et ne peut avoir qu'un caractère de *vérité relative,* qu'il est perfectible et que son amélioration doit être recherchée dans le sens d'une plus grande équité, d'une plus réelle justice.

Ceci est clairement expliqué par César de Paëpe dans son chapitre intitulé : « Le Suffrage universel et la Souveraineté du Nombre (*) » qu'il termine ainsi :

« Au surplus, en demandant le Suffrage universel, la
« plupart des socialistes concèdent que ce suffrage,
« comme toutes choses, doit être organisé le plus pos-
« sible conformément à la justice et aux intérêts des
« populations. Et, par Suffrage universel organisé, ils
« entendent, non seulement un remaniement rationnel
« des circonscriptions électorales, une meilleure approxi-
« mation entre le nombre des éligibles et celui des élec-
« teurs, etc., etc., mais encore d'autres modifications
« telles que la représentation professionnelle, la repré-
« sentation des minorités, le *referendum* ou même l'initia-
« tive populaire, c'est-à-dire la législation directe du Peuple
« par le Peuple, comme la préconisent Rittinghausen,
« Victor Considérant et autres écrivains socialistes, et
« comme la chose existe partiellement en Suisse (**). »

Cette généralisation des principes politiques,

(*) César de Paëpe : *Le Suffrage universel et la Capacité politique de la Classe ouvrière,* brochure éditée à Gand. — 1890. — Imprimerie J. Foucaert, rue d'Oostacker, 226.

(**) Sous la rubrique : *Le Suffrage proportionnel en Suisse,* nous lisons, dans la *Petite République* du 20 juin 1897, l'information suivante :

« Zurich, 18 juin. — Le principe du suffrage proportionnel soumis au referendum par le gouvernement du canton de Bâle, a été adopté par 2,730 voix pour et 2,634 contre.

« Il y a sept ans le même projet de loi a été rejeté par 4,217 voix, contre 2,755.

« Un autre referendum aura prochainement lieu sur le projet de loi élaboré par le gouvernement et relatif à l'application du principe qui vient d'être voté. »

cette universalisation pourrions-nous dire, ne viendra qu'avec le temps, à mesure que les nations auront renversé les institutions monarchiques en y substituant celles de la République, ce qui permettra de réaliser, par accroissement progressif, la véritable Fédération des Peuples : cette fédération constituée par une entente internationale portant, au début, sur des points fondamentaux, tels que la substitution de l'arbitrage à la guerre, etc.

A notre époque, toute entente sincère, basée sur des principes de justice, est impossible entre des nations soumises à des régimes politiques opposés. Si une entente est contractée elle est forcément hypocrite, car elle ne peut s'établir qu'au détriment d'un des deux principes représentés par les parties contractantes. Cela est si vrai que les conventions établies par ces SOI-DISANT ALLIANCES sont tenues dans le plus grand secret par les gouvernements intéressés, lesquels se gardent bien de les livrer à l'appréciation des Peuples au nom desquels elles ont été conclues. Telle l'alliance franco-russe !

Encore faudrait-il, même lorsqu'ils vivront sous le régime républicain, que chaque peuple soit assez « *souverain* » pour pouvoir imposer à ses gouvernants et législateurs le devoir de respecter, en faveur des autres, cette souveraineté *nationale* qu'ils réclament pour leur pays, surtout lorsqu'elle ne sera pas en contradiction avec le droit supérieur de l'humanité.

Ce disant, comme le lecteur l'a compris, nous faisons allusion au rôle honteux qu'a joué le gouvernement de la République française dans la guerre récente entre la Grèce et la Turquie.

Pour conquérir cette *souveraineté effective*, le peuple français devra tout d'abord briser la centralisation gouvernementale qu'a créée le despote Napoléon Ier et qu'ont aggravée les divers régimes survenus après lui.

Par elle, non seulement toute la force impulsive en matière de réformes est concentrée aux mains du gouvernement, mais encore elle lui permet d'empêcher les communes, surtout Paris et les grands centres, d'être maîtresses de leur organisation intérieure, d'avoir la liberté de leur gestion administrative et de réaliser chez elles les moindres réformes.

Cette centralisation, les réacteurs de toute étiquette veulent absolument la maintenir, parce que, avec et par elle, comme l'a exprimé Gambetta, « *il n'y a de possible que les réformes consenties par les classes riches* ».

On l'a bien vu dans maintes circonstances, notamment lors de l'importante discussion qui eut lieu à la Chambre, au sujet de l'établissement de *pharmacies municipales* à Roubaix, ainsi que l'avait décidé la municipalité socialiste de cette ville.

Comme il y avait là une amélioration pour les classes pauvres, mais, par contre, une atteinte aux prérogatives des classes dirigeantes, le pouvoir central n'a pas hésité une minute : par son *veto* il a cassé autoritairement la délibération régulière d'un Conseil municipal, se moquant comme d'une guigne de la volonté des électeurs roubaisiens.

De cet état de choses, il résulte pour le pays tout entier l'impossibilité de l' « *évolution sociale* » dans le sens de l'amélioration économique des « non-possédants ».

Aussi bien, tout homme sérieux en arrive-t-il forcément à envisager la Révolution violente, que l'absence de toute espèce de réformes rendra de plus en plus inévitable.

Devant cette formidable perspective, une œuvre s'impose au PARTI SOCIALISTE TOUT ENTIER : l'élaboration d'un plan de constitution sociale, longuement préparé, discuté et propagé, afin que les esprits soient prédisposés à son application, dès le lendemain de la Révolution.

Si le Parti Socialiste, dans son ensemble, ne préparait rien à l'avance, s'il ne savait prévoir, s'il oubliait les terribles leçons de 1793, de 1848 et de 1871 ; en un mot, s'il continuait à s'en remettre, pour l'heure de la Révolution, AUX INITIATIVES GÉNIALES ET SPONTANÉES, il serait à redouter, nous le disons hautement, que la prochaine Révolution ne fût encore qu'un nouvel avortement du Progrès Social.

Où sont les études faites dans ce sens ? Où sont les projets discutés et adoptés par le Parti Socialiste, et quelle propagation leur a-t-il été donnée?

La route à suivre pour tout républicain s'indique donc nettement : c'est celle aboutissant à la décentralisation gouvernementale, à l'émancipation des communes, rationnellement réorganisées, et ayant le droit de se fédérer et d'opérer chez elles, ou entre elles, toutes les réformes voulues par les électeurs intéressés, sans qu'elles aient à craindre le *veto* d'un pouvoir central quelconque.

Avant d'analyser les conditions morales, matérielles et civiques, qui sont nécessaires au fonctionnement sérieux de la souveraineté du Peuple, nous croyons utile, pour aider à l'étude de la solution du problème politique, de reproduire les deux citations suivantes, extraites du livre de E. Leverdays (*) :

1º « Nous ne partageons pas l'opinion de ceux qui croient
« que les idées font le mouvement du monde. Nous ne
« donnons pas dans ces vues d'abstractions, aussi fausses
« qu'elles sont ambitieuses. Nous pensons, au contraire,
« que les sociétés ne marchent que sous l'impulsion de
« leurs besoins matériels, dont l'incessante transformation

(*) *Les Assemblées parlantes*, par E. Leverdays. — 1883. — Marpon et Flammarion, éditeurs, rue Racine, 26.

est le résultat fatal du mouvement historique. Le monde est une végétation. Comme les gouvernements ne procèdent d'ordinaire que du besoin de la veille, ils s'efforcent naturellement de comprimer celui du lendemain. Peine perdue, déception constante. Cette compression du besoin social par les gouvernements fait les crises révolutionnaires. Celles-ci ne sont en elles-mêmes, aveugles et sourdes, que le cri de la souffrance publique.

« *La solution du problème politique serait de créer un état de choses dans lequel la direction serait nécessairement en perpétuelle harmonie avec le besoin réel, perpétuellement transformé, que les sociétés éprouvent sans être capables de le définir.*

« Les nations, disons-nous, ne sont pas mises en mouvement par les idées; elles ne le sont que par le besoin des masses. Mais il faut en même temps reconnaître que ce besoin des masses demeure aveugle aussi longtemps qu'il n'est pas éclairé par la lumière des idées. Jusque-là les agitations et les crises révolutionnaires pourront se répéter indéfiniment, elles exprimeront le malaise public; elles seront impuissantes à dégager les solutions qui font défaut.

« Les révolutions n'aboutissent que par les idées « (*Avant-Propos*, pages XIII et XIV). » . . . .

. . . .

2º « Voilà comment, après très patiente réflexion, « nous entrons dans la besogne en nous attaquant tout « d'abord aux questions politiques. Elles ne sont pas à « nos yeux radicalement distinctes des autres. Nous les « regardons comme la préface et l'entrée en matière de la « science sociale. Ses dernières solutions dépendent de « celles qu'elles doivent en premier lieu recevoir.

« Ceux qui intervertissent l'ordre de ces deux fonctions « politique et économique, mettant celle-ci avant la « première, nous font l'effet de gens qui veulent prendre, « comme on dit, le taureau par la queue; ils n'arriveront

« pas à le saisir. Il est évident que les nantis n'ont pu
« manquer de faire des institutions politiques, depuis
« qu'ils sont en possession de nous fabriquer les lois, le
« rempart des faussetés économiques avec lesquelles ils
« nous exploitent. Nous démolirons la forteresse lorsque
« nous aurons renversé ses contreforts *(Avant-Propos,*
« page XXIV). »

NOTA. — Nous avons souligné le deuxième paragraphe
de la première citation. Il nous a semblé qu'il formulait
l'idée dominante de l'auteur, et qu'il pouvait fournir la
matière d'une étude très profonde.

CHAPITRE II

Comparaison entre les conditions indispensables à la souveraineté du Peuple et celles existant aujourd'hui.

Dans un sens pessimiste, Michelet a exprimé quelque part cette pensée : « Qui fera des livres pour le Peuple ? »

Assurément, cette besogne incombe à tout homme de cœur, quelle que soit sa condition sociale. Mais elle est surtout un devoir pour les déshérités, qui, mieux que d'autres, *puisqu'ils n'ont pas d'intérêts matériels à défendre*, sauront, avec franchise, exposer au Peuple toute la vérité, si pénible fût-elle. Il ne faut pas attendre que ceux qui vivent du parasitisme capitaliste viennent nous révéler les combinaisons multiples par lesquelles, s'exonérant de tout travail, ils trouvent le moyen de vivre sur le travail des autres. Nous risquerions d'attendre toujours.

C'est sous l'inspiration des réflexions ci-dessus, que, après l'avoir longuement médité, nous avons placé, sur la couverture de ce livre, l'épigraphe suivante :

Pour que le Peuple devienne souverain, il lui faut :

Savoir..... les causes de sa misère ;
Vouloir... avec virilité la suppression de ces causes ;
Pouvoir... imposer l'application de sa volonté, ration-
nellement exprimée.

Savoir les causes de sa misère, disons-nous.

Or, le Peuple, considéré dans son ensemble, ne connaît guère les causes complexes qui le ren-dent si malheureux, sans aucune sécurité dans son présent et son avenir.

Il ne peut en être autrement.

L'instruction et l'éducation qu'on lui donne sont restreintes, remplies de préjugés, antidémo-cratiques.

De plus, les conditions de travail et d'existence que le système capitaliste et gouvernemental lui fait subir, outre qu'elles sont déprimantes au physique et au moral, ne laissent au citoyen ni le *temps* ni la *force* nécessaires pour qu'il puisse étudier, s'affranchir intellectuellement, et, par suite, faire un usage plus conscient de ses droits.

Étant expropriés de plus en plus de toute pro-priété par le capitalisme grandissant, les Travail-leurs en sont réduits, pour la plus grande partie, à vivre péniblement, au jour le jour. Absorbés qu'ils sont par la *lutte pour la vie,* cette lutte de tous les instants, ils en arrivent à se désintéresser, au moins dans un nombre important, des questions générales, de telle sorte que la solution de celles-ci dépend du *vouloir* de la classe possédante, quoiqu'elle soit de beaucoup la moins nombreuse.

Ne connaissant les causes de sa misère que d'une manière insuffisante, le Peuple, par conséquent, ne peut *vouloir* leur suppression avec la virilité et la précision indispensables.

Aussi n'a-t-il, en général, que de vagues et sentimentales aspirations, se résumant dans la formule « être moins malheureux », et que, jusqu'à ce jour, ont exploitées à leur profit les intrigants et les fourbes.

Dans de telles conditions, le Peuple est mal prédisposé à entendre le langage de vérité que les citoyens convaincus lui parleront ; il est plutôt enclin à croire les *habiles* qui, le flattant sur sa prétendue souveraineté, sauront escamoter les questions difficiles et dangereuses, en leur substituant adroitement les questions de *personnes*, pour lesquelles, malheureusement, il se passionne souvent plus que pour les idées.

Mais, en admettant même qu'il possède suffisamment *savoir* et *vouloir*, le Peuple, actuellement, ne pourrait pas encore exprimer une *volonté collective* précise, nettement déterminée.

Il y a pour cela plusieurs raisons. Premièrement, une raison de principe que nous allons nous efforcer de bien faire comprendre.

Avec l'âge, comme tant autres, nous avons en partie perdu nos illusions et nos enthousiasmes des jeunes années. L'expérience nous a démontré que, fatalement, dans notre société compressive, où toute garantie de solidarité est absente, les hommes étaient guidés avant tout par leur intérêt personnel, à part quelques rares exceptions, qui sont à l'honneur du genre humain, il est vrai, mais qu'il ne faut compter que pour mémoire.

Ceci étant posé et admis, il nous apparaît que le Peuple, vu son manque d'organisation, vu la confusion entretenue systématiquement dans son esprit et au moyen de laquelle, jusqu'à présent, on l'a fait se diviser plutôt en partis d'étiquettes politiques, au lieu de l'être, tout d'abord, en *partis d'intérêts économiques similaires*, il nous semble, disons-nous, que le Peuple ne peut guère avoir une volonté propre, qui soit bien la sienne.

D'autre part, les conditions politiques générales dans lesquelles il se meut aujourd'hui l'empêchent aussi d'exprimer sa volonté. En effet, il ne possède même pas le droit d'affichage *gratuit*. Pour combattre les abus gouvernementaux, au moyen d'affiches apposées sur les murs, il doit commencer par payer un droit de timbre au gouvernement contre lequel il proteste.

C'est toujours le « Silence aux pauvres ! » de Lamennais. Qu'on vienne donc encore nous parler de la souveraineté du Peuple !

S'il est vrai, comme nous l'expliquons, que le Peuple ne puisse dégager, de l'ensemble des volontés individuelles, une *volonté collective* clairement exprimée, comment pourrait-on espérer le triomphe d'une chose QUI N'EXISTE PAS ?

N'est-ce point, également, dans cette absence d'une volonté collective, permanente et suivie, que gît le secret de ces revirements inexplicables du Corps électoral, marchant tantôt en avant, tantôt à reculons ?

Aussi la vérité nous oblige-t-elle à reconnaître que dans la réalité, en fait de volonté du Peuple, il n'y en a pas d'autre que celle exprimée par la *majorité* de ses mandataires, que ce soit dans l'ordre national, départemental ou communal.

Pour être juste, reconnaissons que la troisième République, elle aussi, continue toujours à le maintenir en tutelle, à le paralyser dans ses tentatives d'émancipation, à lui refuser les mesures indispensables à l'exercice sincère du Suffrage universel dans une démocratie.

D'après ce qui précède, le lecteur, d'accord avec nous, déduira de lui-même que le « *pouvoir* » du Peuple n'existe pas. C'est un mot et non un fait.

La preuve en est facile : Depuis bientôt cinquante ans que le Peuple est censément souverain, a-t-il pu s'éviter les guerres et les calamités sociales dont l'histoire de France contemporaine est ensanglantée ? Sa misère est-elle diminuée ? Sa sécurité matérielle est-elle plus grande ? Au contraire !

Qu'est-ce donc alors qu'un « *souverain* » qui, produisant tout, ne peut s'affranchir lui-même de la pauvreté ; qu'un « *souverain* » n'ayant pas la certitude de vivre le lendemain, s'il plaît aux détenteurs du capital et des outils de production de lui refuser le travail ?

Si, faisant abstraction du côté social, on se limite à l'examen du « *pouvoir* » du Peuple dans le domaine purement politique, force nous est de reconnaître qu'il se borne, nous ne dirons pas à *choisir*, mais seulement à *nommer* ses mandataires aux affaires publiques.

Une fois élus, ces derniers lui échappent la plupart du temps. Comment voudrait-on que le Peuple eût le « pouvoir » de leur imposer la rigoureuse application de ses volontés : il n'a même pas, *légalement,* le droit de les obliger à lui donner des comptes rendus réguliers de la manière dont ils accomplissent leur mandat, et encore bien moins celui de les révoquer lorsqu'ils le trahissent ?

Disons, pour être sincère, qu'une telle méconnaissance de leurs devoirs ne serait pas permise aux élus si les citoyens avaient davantage le sentiment de leur dignité civique, s'ils savaient exiger

de leurs mandataires une conduite plus démocratique.

Du reste, ne voyons-nous pas le Peuple, dans
des cas fréquents, constamment réélire, durant dix,
quinze et vingt ans, des mandataires qui, de notoriété
publique, ont manifestement et plusieurs fois trahi
leur programme. A coup sûr, les électeurs igno-
rent le proverbe arabe : « Si quelqu'un te trompe
« une première fois, c'est sa faute ; s'il te trompe
« une seconde, c'est la tienne. » Nous le livrons à
leurs méditations politiques.

En résumé, le « pouvoir » du Peuple ne résul-
tera que de changements profonds dans les mœurs
et dans l'organisme social tout entier. Il ne peut
les attendre que de ses efforts combinés, énergi-
ques et persévérants.

CHAPITRE III

Constatation.

De la critique contenue dans les pages qui précèdent se dégage, nettement, une observation dominante : c'est que l'état d'infériorité du Peuple (*) provient du manque d'instruction et d'éducation, *de la privation de propriété,* ce qui engendre la plupart de ses misères morales, physiques et matérielles, et aussi de la non-possession des droits et libertés civiques, inséparables de la démocratie.

Pour conquérir son émancipation, le Peuple devra donc détruire, complètement, toutes les causes qui constituent sa subordination.

Cela réclame des réformes à la fois sociales, économiques et politiques.

Pour plus de clarté, nous examinerons ces réformes séparément, en commençant par celles d'ordre social et économique.

(*) *Peuple :* Multitude d'hommes formant une nation ; partie la plus nombreuse et la moins notable des habitants d'une ville, d'un pays, etc. *(Petit Dictionnaire Larousse, 1895).*

CHAPITRE IV

Des réformes sociales et économiques.

Si le Peuple veut résolument évoluer vers le progrès, il lui faut secouer sa torpeur, s'orienter vers un avenir d'Égalité et de Solidarité, revendiquer virilement les mesures suivantes, qui sont communes à tous les programmes *vraiment* socialistes :

- Donner et garantir matériellement à tous les enfants une instruction et une éducation morale, civique et humanitaire, scientifique et professionnelle, reposant sur des vérités démontrées, et leur apprenant leurs droits et devoirs d'homme, *de citoyen* et de PRODUCTEUR (*).

Empêcher la destruction de la race humaine au moyen d'une législation qui interdise aux employeurs, surtout dans les grandes agglomérations industrielles et commerciales, de faire travailler au delà d'un *maximum* d'heures déterminé. D'ailleurs, cette législation existe; il s'agirait de la modifier dans le sens des besoins modernes et d'en assurer l'application rigoureuse.

(*) A cet article nous ajoutons : Interdiction, dans l'enseignement public, de tout livre d'école publié en « patois » quelconque.

Supprimer, par décroissement progressif, et d'après entente internationale, les *armées permanentes* qui sont la cause première des guerres, de la ruine des nations et du maintien des haines entre peuples.

Suppression des monopoles et privilèges :

Reprise de la propriété publique aliénée : Mines, Chemins de fer, Canaux ;

Organisation nationale du Crédit public, la collectivité ayant seule le droit d'émettre de la monnaie fiduciaire ; Crédit par l'État aux Départements et aux Communes ;

Fermer le Grand-Livre et commencer la liquidation de la *Dette publique perpétuelle,* cette MONSTRUOSITÉ SOCIALE au moyen de laquelle on prélève, *chaque année,* pour le service de ses intérêts, la somme fabuleuse de **quinze cents millions de francs** dont la charge retombe tout entière sur les Travailleurs. C'est l'un des plus grands facteurs de l'accumulation capitaliste.

Rendre les Départements et Communes maîtres d'exercer chez eux le droit d'expropriation, sauf, bien entendu, contre les propriétés nationales ou contre celles résultant de concessions accordées par l'État.

Transformation en Services publics départementaux ou communaux, des monopoles des grandes Compagnies : Omnibus, Tramways, Bateaux, Eaux, Gaz, etc. ; — établissement par les Départements ou Communes du Service public des assurances : assurances contre l'incendie, sur la vie, viagères, etc., etc.

Retour à la société des héritages en ligne collatérale, dont le produit serait partagé entre l'État, les Départements et les Communes.

Améliorer les conditions d'existence du Peuple :

En exonérant de tout impôt ou taxe quelconque les denrées et boissons alimentaires dont se compose sa consommation journalière ;

En établissant une concurrence sociale à la propriété capitaliste immobilière, au moyen de l'extension de la propriété communale en matière de sol et d'immeubles : ce qui apporterait une entrave à l'augmentation continue des loyers, et, d'autre part, créerait, pour les Communes, des ressources financières considérables.

A ce dernier sujet, la France *républicaine* devrait bien suivre l'exemple que lui donne la *monarchique* Angleterre. Depuis longtemps nombre de municipalités anglaises, quoique bourgeoises, ont réalisé, au moins partiellement, le service public de l'habitation.

Cette question, qu'on ne s'y trompe pas, forme l'un des *premiers* et des principaux points de départ de la transformation socialiste.

Entretien des invalides du travail ou de la défense nationale, par l'État et la Commune.

Donner aux Travailleurs une sécurité morale par la création d'un service public de solidarité, leur garantissant, comme un droit, une pension viagère pour la vieillesse.

Liberté, pour les deux sexes, dès l'âge de majorité, de contracter le mariage même en dehors du consentement des père et mère.

CHAPITRE V

Des réformes politiques.

Les gouvernants, qui proclament sans cesse la suprématie du Suffrage universel, s'ils avaient été logiques et de bonne foi, auraient dû commencer par donner au Peuple une véritable instruction civique, par organiser démocratiquement le droit de vote, par libérer le Peuple des entraves législatives, gouvernementales et administratives qui le paralysent.

Ç'aurait dû être la première besogne d'une Assemblée législative tant soit peu républicaine.

Or, nous le répétons, depuis 1870, qu'a-t-on fait dans ce sens? Rien, absolument rien! Bien au contraire, on a conservé soigneusement, dans le domaine politique comme dans les autres, la légalité des régimes déchus de l'Orléanisme et de l'Empire (*).

Seuls, les Socialistes, avec une ténacité cons-

(*) Nous ne connaissons guère, comme valant la peine d'être mentionnée, que la proposition de loi déposée par le citoyen Vaillant, et qui tend à l'abrogation des articles 15, 16, 27 et 28 du décret organique du 2 février 1852.

Ce projet, qui est renvoyé à l'examen d'une commission, ne sera certainement pas discuté dans la présente législature.

...ante, qui nous est un présage d'un meilleur devenir, poursuivent l'idéal de la véritable démocratie, en incitant les citoyens à voter de moins en moins sur des hommes et de plus en plus sur des idées.

Des expériences récentes ont été tentées dans ce sens par diverses municipalités socialistes, notamment celle de Dijon, lorsqu'elle soumit au *referendum* des électeurs la question de l'abolition des octrois.

Peu importe que des minorités seulement se soient affirmées! Pour n'être pas encore facile dans la pratique, l'idée en est-elle moins juste, moins démocratique?

Mais, à notre avis, dans l'emploi de ce système, il faut procéder du simple au composé, en graduant les questions avec méthode, afin de ne point, dès le début, effrayer les électeurs par la complexité de celles qui seraient soumises à leur sanction. De plus, il ne faudrait pas prendre le Corps électoral à l'improviste et ces *referendums* devront toujours être précédés d'une campagne électorale, dans laquelle on discutera à fond la question posée.

Nous voudrions même qu'on allât plus loin : Pourquoi les fractions socialistes, sans fusionner pour cela, ne s'entendraient-elles point entre elles pour soumettre directement au vote populaire des questions de principes, sans même passer par l'intermédiaire des corps électifs?

Par exemple, s'il est une chose odieuse sous la République, c'est bien le maintien de la *police secrète politique*. Eh bien! qui empêcherait les socialistes d'appeler le peuple, dans des scrutins publics, à se prononcer au bulletin *secret*, sur le maintien ou la suppression de ladite police?

A l'égard de ce système du vote direct, qu'on nous permette d'exposer, brièvement, l'idée d'une expérience présentant le plus haut intérêt. Sérieusement appliquée, elle pourrait peut-être faire sortir la France du gâchis dans lequel elle se traîne depuis un siècle. Il s'agirait, simplement, lors d'élections partielles ou générales, d'appeler le Peuple à voter *d'abord sur des programmes* et seulement *après* pour le choix du mandataire.

Sommairement, expliquons-nous : Dans une première période électorale, les idées seraient seules en présence les unes des autres, ce qui obligerait à la *comparaison* des programmes, ce qu'on ne fait pas assez. Les collèges électoraux auraient donc à se prononcer exclusivement sur les divers programmes présentés.

Le programme qui aurait réuni la majorité deviendrait le *mandat obligatoire* du futur élu ; et celui-ci ne serait ensuite nommé que dans une seconde période électorale, suivant immédiatement la première.

On aurait alors quelque chance, avec ce mode, d'utiliser sérieusement la campagne électorale pour une réelle propagande. En outre et entre autres résultats, cela permettrait d'établir les statistiques successives des divers partis, leur dénombrement se basant désormais non plus sur des votes donnés à des noms mais bien sur des votes donnés à des programmes.

Certes, nous prévoyons les raisons qu'on objectera pour se refuser à cette expérience. On se basera sur les *abstentions* considérables qui ne manqueraient pas de se produire, en y opposant, comparativement, le nombre infime des minorités qui se seraient prononcées sur les divers programmes. Eh bien! qu'importerait encore; n'y aurait-il pas là, même dans la réalisation du cas prévu, la preuve surabondante de cette vérité que, jusqu'ici, le plus grand nombre de citoyens, malheureusement, vote plutôt sur des noms que sur des principes.

Au surplus, nous savons bien que, dans l'époque actuelle, cette expérience ne pourrait se faire, d'une manière générale, qu'autant qu'elle aurait été régularisée législativement au préalable. Néanmoins nous avons tenu à soulever la discussion publique sur cette idée qui nous semble devoir intéresser tous les citoyens passionnés pour l'avènement de la République Sociale.

En outre des réformes que nous présentons fermement dans les deux projets de loi qui terminent ce travail et pour lesquelles nous réclamons une application immédiate, nous préconisons également les suivantes :

Codification de toutes les lois existantes concernant le droit électoral politique. — Leur revision dans le sens démocratique et égalitaire, au moyen de l'élaboration d'une loi nouvelle, *unique et complète,* abrogeant toutes les lois antérieures sur le même sujet.

Cette loi nouvelle, entre autres, devrait édicter les droits et garanties ci-après :

Le service administratif de l'établissement et de la revision des listes électorales fonctionne pour le public d'une manière permanente ;

L'*inscription électorale* est OBLIGATOIRE, dès leurs vingt et un ans révolus, pour tous les citoyens non frappés d'incapacité électorale ;

Tout citoyen NON INSCRIT, sans motifs d'excuse légaux, du fait qu'il se prive lui-même de ses droits civiques, perdra la jouissance de ses droits civils pendant tout le temps que durera sa non-inscription électorale. En outre, il sera frappé d'une amende annuelle de ... francs, laquelle sera perçue au bénéfice du Service national des Pensions viagères pour la Vieillesse ;

L'administration ne pourra faire de radiations sur les listes électorales que dans les cas de décès, de privation des droits civiques prononcée par les tribunaux, ou sur la demande de l'électeur lui-même, qui, ayant changé de domicile, voudrait opérer son changement de circonscription électorale ;

La consultation des listes électorales appartient le droit à tous les électeurs.

Dans la revendication de ces dernières réformes nous nous sommes inspiré du système « d'Indigénat Communal » qui fonctionne en Suisse, de telle sorte qu'il est impossible à l'administration de modifier la composition du Corps électoral, au gré des passions politiques du moment.

Rétribution de toutes les fonctions électives publiques. — Interdiction absolue du cumul des mandats électifs. — Adoption d'une loi rationnelle sur les incompatibilités parlementaires.

Droit pour toutes les Communes, sans exception, d'élire leurs maires, adjoints, administrateurs et commissaires des bureaux de bienfaisance, membres des délégations cantonales et des commissions scolaires.

Obligation légale pour tous mandataires politiques : députés, conseillers généraux et municipaux, ainsi que pour les mandataires administratifs : maires, adjoints, etc., de donner à leurs électeurs des comptes rendus publics de leur mandat, et ce dans les conditions inscrites au programme sur lequel ils ont été élus.

Droit permanent, pour chaque Collège électoral, de révoquer ses mandataires infidèles, ce qui, par le fait, abrogerait le fameux article 13 de la loi électorale politique de novembre-décembre 1875, lequel article contient cette disposition : « *Tout mandat impératif est nul et de nul effet* (*). »

(*) A cet égard, le citoyen Aimé Lavy, aujourd'hui député, demandait en 1879 « une loi qui frappe des peines les plus sévères le député traître à son mandat, sur la dénonciation de ses électeurs ».

(Aimé Lavy, *La Représentation du Prolétariat au Parlement*, page 15. — Paris, 1879.)

Reconnaissance, par la Chambre, de la validité des démissions *avec date en blanc*, signées, lorsqu'ils étaient candidats, par les membres des Assemblées électives.

Mise à la disposition des électeurs, des sociétés ouvrières et des groupes politiques, sans aucune exclusion, des locaux appartenant à la Commune. — Exonération complète du timbre d'affiches en matière de propagande politique, économique ou sociale.

Tout mandataire ayant siégé dans une Assemblée élective, pendant le laps de temps de deux législatures consécutives, ne pourra être réélu à ladite Assemblée qu'après l'intervalle d'une législature.

Election publique, dans chaque section de vote, des citoyens devant composer le bureau électoral.

Etablissement d'une librairie officielle où les citoyens pourront se procurer, à prix de revient, tous les documents législatifs, diplomatiques, ministériels, administratifs, etc., etc.

Cette réforme, qui faciliterait le contrôle direct du peuple, de même que son initiative, est réclamée par nous depuis juillet 1884 ! ! !

Suprématie, en tous temps, du pouvoir civil sur le pouvoir militaire. — Abrogation de la loi de 1849 sur l'état de siège.

Suppression du Sénat et de la Présidence de la République.

Les ministres sont nommés par la Chambre des députés, choisis en dehors de son sein, et constamment révocables par elle, individuellement ou collectivement.

Suppression de la police secrète politique. — Suppression des fonds secrets affectés aux divers départements ministériels.

Les séances des Assemblées électives sont *toujours* publiques. — Les votes des mandataires y sont émis *personnellement*. — Pour toutes les questions importantes, le vote a lieu au scrutin public et le résultat en est officiellement publié. — Pendant la durée des séances, le

public ne peut aucunement. communiquer avec les
mandataires.

Obtention des emplois administratifs par ancienneté de
demande et au moyen du concours, lorsque celui-ci
sera nécessaire. — Élévation aux divers grades administratifs, également par voie de concours, auquel ne
pourront prendre part que les ayants droit selon le
rang. d'ancienneté déterminé.

En ce qui concerne particulièrement les diverses
fractions socialistes, nous considérons qu'elles doivent, dans leur action électorale et politique, se dif-
férencier complètement de tous les autres partis.
A cette condition, elles feront comprendre au
Peuple la démarcation profonde qui les en sépare.
C'est pourquoi nous préconisons à nouveau l'adoption des mesures suivantes, déjà mises en pratique par quelques-unes d'entre elles :

Les candidats socialistes devront prendre l'engagement écrit de ne jamais accepter de fonctions
provenant d'une nomination d'origine gouvernementale.

Ils devront, lors du choix des candidats, remettre leur démission, avec date en blanc, à la *fraction*
socialiste dont ils sont membres, afin de lui faciliter l'application de la théorie démocratique de la
révocabilité de l'élu qui trahit son mandat. Pour
justifier cette mesure de précaution, s'il était nécessaire, nous n'avons qu'à citer quelques extraits
d'un remarquable article d'Edouard Drumont :

« Il est impossible, en effet, de rien trouver de compa-

« rable au sans-gêne, à l'impudence véritablement extraor-
« dinaire avec laquelle les représentants de la bourgeoisie
« libérale et même les ouvriers embourgeoisés, comme
« les Tolain, ont bafoué ce pauvre peuple.

« Les grands bourgeois de la Convention étaient à peine
« entrés en possession des biens qu'ils avaient volés aux
« aristocrates, qu'ils mitraillaient en Prairial les faubourgs
« dont ils s'étaient servis au 10 Août, et qu'ils envoyaient
« Babeuf et ses amis faire une promenade dans la plaine
« de Grenelle.

« Le sang avait à peine séché sur les pavés de Juillet
« que les bénéficiaires de la Révolution de 1830 fusillaient
« les ouvriers à Paris et à Lyon.

« Et Cavaignac, le frère de Godefroy ! Et les hommes
« du 4 Septembre : les Ferry, les Jules Favre, les Jules
« Simon ! Vous n'avez pas entendu ces gens-là, mes en-
« fants ! Vous êtes trop jeunes... Abolition des armées
« permanentes, respect absolu de la liberté individuelle,
« inviolabilité du domicile, magistrature élective, dispa-
« rition de cette plaie de fonctionnarisme qui épuise et
« ronge la France...

« Tout le programme de Belleville, quoi !...

« Total : trente mille pauvres diables égorgés par des
« hommes qui, quelques mois auparavant, disaient au
« Peuple : « *Tu es beau, tu es noble, tu es grand ; souviens-*
« *toi des immortelles journées de la Révolution ! Réveille-*
« *toi, vieux lion ! Secoue-toi pour que nous puissions prendre*
« *la place des Persigny et des Rouher.* »

« Toutes ces palinodies, ces retournements de veste
« effrontés, ces parjures véritablement infâmes reviennent
« à l'esprit de Populo pendant qu'il cause politique sur le
« zinc, et on se dit entre camarades :

« Il doit y avoir tout de même un moyen quelconque,
« un *truc,* un boulon, une vis de sûreté à trouver, pour
« empêcher un homme qui n'existe que par nous, que
« nous tirons de l'obscurité, de nous trahir avant que le
« coq orléaniste ait chanté.

« C'est cette idée qui est l'idée maîtresse du Parti Ou-
« vrier et qui fait la force de ce parti. Au fond, cette idée,
« en effet, est juste ; elle est justifiée par d'innombrables
« exemples dans le passé ; elle répond à cette antique
« droiture de conscience, à cette probité « *instinctive qui,*
« *malgré tant de spectacles dépravants, survit dans les âmes*
« *populaires* ». Elle se traduit par ces mots : Pourquoi ces
« gens-là, une fois nommés députés, se ficheraient-ils tou-
« jours de nous ?

« Le Parti Ouvrier a-t-il choisi le plus sûr moyen pour
« rendre impossible toute infidélité, et la démission en
« blanc vaut-elle les ceintures du quinzième siècle que
« l'on trouve au musée de Cluny ?... » (*Libre Parole* du
17 mars 1896 : Le Pacte ou la Revanche de l'Electeur.)

En plus, chaque candidat s'engagera, par écrit,
à retenir sur ses émoluments une somme déterminée, qui sera versée mensuellement à la fraction socialiste de laquelle il est membre. Celle-ci,
bien entendu, aura la charge de satisfaire à toutes
les dépenses : frais électoraux, de propagande,
voyages en province, etc., etc.

Pour défendre cette thèse, qui fut naguère
attaquée avec tant de passion, il nous suffira de
constater le fait brutal : le Parti Socialiste est le
parti des pauvres, il ne possède que les « gros
sous » de ses adhérents, tandis que les autres
partis disposent de millions. Cependant, *s'il veut
triompher,* il lui faut répondre par une propagande
incessante aux attaques continues de toutes les
forces liguées contre lui. *Or, point de propagande
sans argent !* De là, l'obligation pour chacun de

ses membres d'avoir la plus grande abnégation personnelle. Les élus, surtout, doivent montrer l'exemple et prouver, en acceptant cette condition, que leur dévouement est à la hauteur des sacrifices qu'exige impérieusement la défense de la cause sociale.

D'ailleurs, après de longues discussions approfondies, les diverses fractions socialistes ont toutes adhéré au principe de cette retenue; quelques-unes en pratiquent régulièrement l'application depuis plusieurs années. Les divergences à cet égard ne sont venues, plus tard, que sur la quotité à retenir. Il appartiendra aux fractions socialistes, dans leurs Congrès, de résoudre une bonne fois la question de chiffre afin d'en finir avec cette difficulté.

L'innovation de cette théorie égalitaire est due au Parti Ouvrier. Voici ce qu'écrivait, en 1879, le citoyen Aimé Lavy, à l'égard des conditions à imposer aux candidats socialistes :

« Le candidat souscrira, par avance, une somme men-
« suelle équivalente au tiers ou aux deux tiers de l'alloca-
« tion parlementaire ; cette somme sera versée dans la
« caisse d'un Comité de propagande à créer et servira
« aussi à l'entretien de la presse ouvrière. Il contractera
« l'engagement de se tenir toujours à la disposition des
« électeurs, et de prendre la part la plus large à l'agita-
« tion qui sera organisée sur tous les points du terri-
« toire (*). »

(*) *La Représentation du Prolétariat au Parlement*, page 14. Paris, 1879.

Tout dernièrement, *La Petite République*, du 2 mars 1897, publiait un article sur l'organisation du Parti Ouvrier belge, où la citoyenne Paule Mink écrivait :

« Il en est de même au journal *Le Peuple*, si intéres-
« sant, si bien fait, qui appartient au Parti et dont les
« rédacteurs ne touchent pas plus de 6 francs par jour
« pour trois heures de travail, comme les typos et les
« mécaniciens. — C'est là un bel exemple d'égalité que
« nous donnent nos frères de Belgique.

« De plus, les ressources du Parti Ouvrier belge sont
« augmentées par les 1,000 francs par an que chaque
« député du Parti laisse pour la propagande sur 4,000 francs
« qu'il touche.

« Certes, il est difficile à la France socialiste d'être
« organisée comme la Belgique ! A chaque peuple ses
« mœurs et ses aspirations.

« Mais si nous pouvions, chez nous, nous plier à une
« telle discipline, à une semblable organisation, avec notre
« tempérament la Révolution sociale serait faite demain. »

Ces deux citations sont péremptoires. Les commenter serait une superfétation.

CONCLUSION

En résumé, toutes les objections contre le Suffrage universel n'empêchent pas le fait d'exister en France, depuis Février 1848, où le Peuple conquit révolutionnairement son droit de vote.

Nous reconnaissons bien qu'il s'exerce dans des conditions absolument antidémocratiques; c'est à nous d'en imposer le changement.

Mais le Peuple commettrait la plus étrange contradiction si, d'un côté, protestant contre le Sénat issu du suffrage restreint, de l'autre, il désertait la lutte sur le terrain du Suffrage universel. Les Travailleurs commettraient un véritable crime contre la République Sociale, contre eux-mêmes, ils prononceraient leur suicide en tant que classe déshéritée et spoliée, s'ils laissaient les partis rétrogrades et conservateurs maîtres du terrain politique; s'ils n'entraient pas en masse dans la bataille électorale, eux qui devraient toujours y gagner la victoire, puisqu'ils sont les PLUS NOMBREUX BATAILLONS du Suffrage universel !

Disons-le franchement, si la République glisse

depuis longtemps sur une pente réactionnaire, nous le devons au manque d'énergie et de volonté du Peuple, à l'indifférence égoïste d'un grand nombre, au respect de préjugés imbéciles et antiégalitaires, au défaut d'organisation des Travailleurs, tant dans l'ordre corporatif que politique.

C'est pourquoi le Parti Socialiste fait une propagande incessante, démontrant aux citoyens que leur force ne viendra que de leur organisation, et les encourageant à faire tout à la fois partie de leur syndicat professionnel et du groupe socialiste de leur arrondissement.

Enfin, si nous incitons constamment le Peuple à se servir du Suffrage universel, c'est parce que, en somme et jusqu'à présent, il est non seulement le plus grand élément de propagande, mais encore l'un des plus puissants moyens qui soient à sa disposition pour résister à l'écrasement moral et matériel que font peser sur lui les forces unies des classes capitalistes et dirigeantes.

Nota. — Si nous avons été injuste dans nos appréciations critiques, utopique ou exagéré dans nos propositions de remèdes, nous demandons à tous les citoyens de bonne volonté d'en faire publiquement la contradiction, en nous prévenant à l'avance et en nous accordant le droit de réponse.

V. GELEZ,
99, rue du Chemin-Vert, 99.

SECONDE PARTIE

PROPOSITION DE LOI

CONCERNANT

les conditions matérielles de l'exercice du droit de vote (*).

Depuis l'origine en France du Suffrage universel, les diverses manières successivement pratiquées dans l'exercice du droit de vote n'ont point été améliorées dans le sens démocratique. Bien au contraire, depuis nombre d'années déjà, elles sont devenues démoralisantes à l'excès.

Jadis, on ignorait complètement l'usage du *bulletin de vote imprimé et distribué à la porte des sections*. Chaque citoyen apportait son vote manuscrit, qu'il avait dû RÉFLÉCHIR et *écrire lui-même!* Ce sont les intrigants de la politique qui ont innové ce mode funeste, dont les conséquences sont des plus graves.

Dans quelques mois auront lieu les élections générales, qui devront avoir une influence capitale sur la marche en avant de la République.

(*) Cette proposition a été déjà publiée *en mai 1893!* Comme il n'y a été donné aucune suite, nous la représentons à nouveau.

Cela prouve qu'en fait d'absence de réformes *les années se suivent et 'se ressemblent.*

Il importe donc d'aviser ! C'est dans ce but que nous présentons la proposition suivante :

PROPOSITION DE LOI

Considérant,

Que tous les républicains sincères réclament la moralisation des moyens d'exercice du Suffrage universel, afin que tous les électeurs puissent émettre des votes conscients et réfléchis ;

Qu'ils protestent, notamment, contre la débauche d'affichage, laquelle constitue tout à la fois un scandale honteux et une pression sur le Corps électoral, cette pression d'autant plus odieuse qu'elle s'exerce au détriment des PARTIS PAUVRES, inexorablement sacrifiés dans leurs efforts ;

Qu'il est donc urgent d'adopter des conditions égalitaires qui garantiront au Peuple le POUVOIR d'exprimer son opinion librement, en dehors de toute contrainte et de toute *manœuvre artificieuse;*

Par ces motifs, etc., etc.

ARTICLE PREMIER. — Les conditions concernant le droit d'affichage électoral seront absolument égales pour les divers Comités ou candidats.

ART. 2. — Les Conseils municipaux détermineront les emplacements où pourront être apposées les affiches électorales; ces emplacements seront divisés en parties égales, chacune étant attribuée, soit à une seule candidature, soit à une seule liste de candidats, suivant les cas.

En outre, ces emplacements devront contenir plusieurs parties additionnelles, semblables aux autres, et qui seront exclusivement réservées aux affiches pouvant émaner d'un ou de plusieurs électeurs. Ces dernières, de même que les affiches de candidats, jouiront, pendant les périodes électorales, de l'exonération du droit de timbre.

Art. 3. — Tout vote, sous peine d'être nul, devra être émis au moyen d'un bulletin MANUSCRIT, sur papier blanc.

Art. 4. — La distribution de bulletins de vote, à la porte des sections, est interdite.

Art. 5. — Les contrevenants aux dispositions édictées par les articles 2 et 4 seront justiciables des Tribunaux de « justice de paix », sur requête de la ou des parties intéressées. En outre de dommages-intérêts, ils seront passibles d'une amende de 50 à 1,000 francs, au maximum, laquelle sera perçue au bénéfice du Service national des pensions viagères pour la vieillesse.

Le but général poursuivi dans cette proposition est d'égaliser, *pour tous les partis politiques*, autant qu'il est actuellement possible, les conditions de la lutte électorale. Et si nous n'avions pas eu jusqu'ici des pouvoirs publics représentant la classe capitaliste, cela serait fait depuis longtemps.

Les points visés peuvent être ainsi résumés :

Amoindrir, le plus qu'on pourra, l'influence

corruptrice et *presque toujours prédominante de l'argent;*

Empêcher cet abus scandaleux que pratiquent toujours les Comités ayant le plus d'affiches, et qui consiste à faire recouvrir toutes les affiches adverses, à tel point qu'elles sont, *de fait, supprimées;*

Rendre aux RÉUNIONS PUBLIQUES CONTRADICTOIRES la légitime influence qu'elles doivent avoir auprès de tous les électeurs qui veulent *juger* et *interroger,* par eux-mêmes, sans s'en rapporter seulement aux affiches, comme un trop grand nombre le fait malheureusement;

Enfin, comme conséquence de ce qui précède, obliger les électeurs à procéder par *réflexion* et par *comparaison* entre les idées et les candidats.

Si ces vues sont justes, comme nous en sommes certain, elles seront sûrement approuvées.

Dès lors, il ne s'agit plus que d'examiner si les divers articles de la proposition y correspondent exactement.

Par les articles 1 et 2, nous égalisons le droit d'affichage électoral; nous empêchons les lacérations et recouvertures des affiches; nous facilitons à tous les électeurs l'émission de leurs idées, en réclamant *pour eux,* comme pour les candidats, l'exonération du droit de timbre, ce qui n'existe pas actuellement.

Nous laissons aux Conseils municipaux le droit de déterminer les « emplacements »; ils nous paraissent les seuls ayant qualité pour cela.

Par l'article 3, d'une importance capitale, nous obligeons l'électeur à RÉFLÉCHIR son vote pour l'ÉCRIRE.

Autrefois, beaucoup ne savaient pas écrire, et cependant on ne connaissait pas les *bulletins imprimés*. Pourquoi en userait-on maintenant que tous les électeurs savent suffisamment écrire pour mettre un nom sur un bulletin ? D'ailleurs, dans le cas exceptionnel où l'électeur ne saurait pas *écrire du tout,* il pourra toujours faire écrire son bulletin par un camarade, un parent ou un ami.

Par l'article 4, nous nous débarrassons de la distribution des bulletins, tracas fatigant et fort coûteux, *surtout pour les comités pauvres.*

Ainsi, en la délivrant des manœuvres qui l'entravent aujourd'hui, nous rendrons plus sincère l'expression de la volonté populaire.

Nota. — La présente proposition pourrait être déposée, en même temps, à la Chambre des députés et au Conseil général de la Seine.

Bien entendu, l'*urgence* devrait être réclamée dans l'une et l'autre de ces deux assemblées.

PROPOSITION DE LOI

SUR

le droit électoral politique.

EXPOSÉ DES MOTIFS

Citoyens,

Pour la troisième et *dernière* fois, la République est redevenue la forme politique légale de notre pays depuis 1870, c'est-à-dire depuis plus d'un quart de siècle.

Or, depuis cette chute de l'Empire, pour ne pas remonter plus avant, la classe bourgeoise et possédante a toujours eu la majorité au Parlement, elle a toujours possédé la puissance gouvernementale. Nul ne le peut contester.

Examinons quelque peu à quelles œuvres elle a consacré son pouvoir :

C'est elle qui a imposé à la France la Constitution antidémocratique de 1875, finalement votée en violation flagrante du droit du Peuple, par la Chambre nommée en 1871, laquelle n'avait été élue cependant que pour traiter de la paix ou de la guerre.

C'est elle, dans sa majorité, qui refuse la revision de cette Constitution, démontrant bien ainsi qu'elle veut quand même continuer à maîtriser le Suffrage universel au moyen de la conservation du Sénat, issu du suffrage restreint et privilégié des classes dirigeantes... du Sénat mettant son *veto* sur toutes réformes, si peu socialistes fussent-elles, dès qu'elles portent la moindre atteinte au système capitaliste; sans compter qu'en vertu de cette Constitution, le Sénat, selon son accord avec le Président de la République, possède contre la Chambre le droit de dissolution !

C'est elle, enfin, qui conserve avec un soin jaloux toutes les entraves légales créées par l'Empire et dirigées contre la souveraineté populaire.

Que sont devenues les fameuses « *destructions nécessaires* » dont elle parlait en 1869 par l'organe, alors autorisé, de M. Jules Ferry?

Que sont devenues les non moins fameuses promesses que la presse républicaine tout entière, devant le danger césarien, en 1889, réitérait tous les jours aux travailleurs, dans des pages souvent éloquentes?

Voici ce qu'écrivait M. Ch. Laurent dans le journal *Paris* du 29 septembre 1889, sous le titre : *La Dette de la République* :

« Il faut le dire très haut, et surtout il faudra nous en
« souvenir : c'est grâce aux travailleurs manuels, c'est
« grâce aux ouvriers, c'est grâce aux hommes souvent si

« malheureux qui se rattachent aux différentes écoles
« socialistes, que le césarisme aura été définitivement battu,
« entraînant dans sa défaite et dans sa ruine les partis
« réactionnaires compromis à ses côtés.

« ..... Croyez-vous que ce soit toujours facile, pour
« les socialistes de tous les groupes, pour tous ces révoltés
« qui ont parfois tant à souffrir de la vie, de refuser leurs
« voix aux aventuriers qui leur promettent *autre chose* ?

« Croyez-vous, par exemple, qu'ils se résignent aisé-
« ment, dans le neuvième arrondissement, à voter pour
« M. Berger; dans le vingtième, à voter pour Tony
« Révillon; ici à soutenir Frédéric Passy, là Pichon,
« ailleurs encore Floquet ou Lockroy?

« Ils le font cependant par dévouement à la patrie
« commune et pour la soustraire avant tout à la domi-
« nation effrayante et avilissante de maîtres indignes et
« sans scrupules.

« Au service de la République, ils mettent les batail-
« lons noirs du travail, les sans-pain, les sans-souliers,
« les sans-bonheur. Après quoi, quand la Marianne ne
« pourra plus être violée par quelque soudard en ribote
« ou trahie par un syndicat d'exploiteurs, ils lui deman-
« deront de nouveau de s'occuper d'eux et de mettre un
« peu de sourires et de bien-être dans leur vie !

« Il faut que la République ne fasse pas faillite aux
« devoirs que lui créent tant de dévouements ! Il faut qu'elle
« s'attache à réparer tant de maux injustes. Pour recon-
« naître ce que les socialistes n'ont pas cessé depuis
« bientôt vingt ans de faire pour elle, il faut qu'elle pré-
« pare et ménage l'évolution sociale, qui donnera enfin,
« en France, le droit et les moyens de vivre..... à tous
« les vivants. »

Eh bien ! toutes ces promesses, faites cependant
dans des circonstances tragiques, n'en ont pas
moins été oubliées ou trahies, au détriment du
Peuple qui attend toujours !

C'est donc à nous, socialistes, qu'incombe le devoir de reprendre la tradition républicaine, afin d'aboutir à la libération complète du Peuple.

*\
* *

La classe bourgeoise et possédante est donc, la première, responsable de ce fait que la République n'est encore que nominale, étant toujours régie, politiquement et économiquement, par les principes et les lois des régimes monarchiques déchus.

A elle donc incombera devant l'histoire la responsabilité du cataclysme vers lequel marche la société française.

Quant au Peuple, et surtout aux prolétaires, il a, lui aussi, sa part de responsabilité : pourquoi, dans sa grande majorité, reste-t-il désorganisé, par conséquent sans force? Pourquoi continue-t-il, sauf de rares exceptions, à nommer ses mandataires parmi la classe possédante, *dont les intérêts sont diamétralement opposés aux siens?* Pourquoi réélit-il si souvent les mandataires mêmes qui ont trahi leur mandat, ou, tout au moins, ceux qui ont démontré leur manque de convictions, d'énergie et d'initiative?

A la vérité, et comme circonstance atténuante à son actif, nous devons constater que le Peuple ne connaît point les entraves légales qui paralysent sa *prétendue souveraineté*, car la bourgeoisie, dans l'éducation qu'elle lui donne, le maintient, à cet égard, dans la plus profonde ignorance.

⁂

Le Parti Socialiste n'a point l'illusion de croire que cette situation va changer du jour au lendemain. Il sait, par l'étude de l'histoire, qu'il faut au Peuple, pour arracher quelque émancipation, une persévérance d'efforts et une virilité qui font en partie défaut à notre génération.

Mais il sait aussi que la misère, plus que la propagande, malheureusement, est la grande initiatrice des Peuples..... et la misère va grandissant tous les jours.

Aussi, depuis quelques années, devant la fréquence des conflits entre le Travail et le Capital, sous l'impulsion résultant tout à la fois de l'extension de la misère, de la propagande socialiste, et aussi des persécutions gouvernementales, constatons-nous que l'impatience et la colère montent de plus en plus au cerveau de notre nation. Ce n'est encore, nous dira-t-on, que la minorité qui est animée de ces sentiments. Soit. Mais elle représente l'élite intellectuelle et généreuse, grossit sans cesse, et deviendra inévitablement une force telle qu'il faudra bien finir par donner satisfaction aux revendications de justice et d'équité.

* *
*

En déposant la présente proposition de loi nous avons pour but de rendre plus justes, plus rationnelles et plus précises, les conditions de la légalité électorale; d'aboutir à l'abrogation de cette disposition inique du DÉCRET RÉGLEMENTAIRE du 2 février 1852 (reproduite par l'article 28 de la loi du 5 avril 1884 sur l'organisation municipale), en vertu de laquelle les « bulletins blancs » ne sont pas compris dans le dépouillement des votes, c'est-à-dire sont « *soustraits* » du nombre des votants et n'entrent pas en compte dans le calcul de la majorité.

Eh bien, cette « SOUSTRACTION » des bulletins blancs correspond, selon nous, à un véritable vol commis à l'égard du Corps électoral : c'est absolument comme si on les prenait dans les urnes et qu'on les jetât au ruisseau !

Pour prouver la vérité de notre assertion, un long raisonnement serait superflu. En effet, le bulletin blanc n'est pas une abstention : l'électeur qui le dépose se dérange, fait acte de votant, et prétend à juste titre que son vote doit être compté dans la majorité rèquise par la loi. C'est là, d'ailleurs, l'opinion unanime de tous les électeurs, sans distinction d'opinions politiques.

Au surplus, dans la pratique, cette législation fait aboutir à l'absurde. Supposons, par exemple, un premier tour de scrutin avec mille électeurs votants, dans lequel, pour une raison quelconque, il y aurait neuf cents bulletins blancs, on arriverait à cette conséquence ridicule que la majorité *absolue*, calculée seulement sur le chiffre cent, *serait de cinquante et une voix !*

D'autre part, pour l'électeur qui en fait usage, que signifie le bulletin blanc, sinon que, des divers candidats en présence, aucun ne lui convient ?

Eh bien, cela est son droit, son droit strict. Est-ce une raison pour annuler un vote régulièrement exprimé, un vote remis au président de la section, lequel l'a reçu en répondant : « Le citoyen un tel a voté » ?

Aucun républicain ne pourra soutenir cette thèse.

Pourquoi l'Empire avait-il édicté cette disposition tyrannique ? Il est bon de le rappeler.

Au lendemain du coup d'État de 1851, les républicains, comme l'ont été les socialistes au lendemain de 1871, étaient déportés, proscrits, traqués impitoyablement, réduits au silence absolu, sous peine de dénonciation et de condamnation. Aussi tous ceux qui avaient conservé au cœur l'amour de la République saisissaient-ils avec empressement l'occasion électorale, et, ne voulant à aucun prix voter pour les candidats *assermentés* de l'Empire, ils affirmaient, sous la forme du bulletin blanc, leur muette protestation contre le crime du Deux Décembre.

Cette disposition dictatoriale aurait dû disparaître en 1870, avec l'avènement de la République et l'on peut, *à bon droit,* s'indigner de voir qu'elle subsiste encore dans nos lois.

Nous demandons à la Chambre d'en voter la suppression.

*\
* *

Dans le même ordre d'idées, nous demandons également à la Chambre de voter l'abrogation complète des articles 15, 16, 27 et 28 du DÉCRET ORGANIQUE du 2 février 1852.

Qu'il nous suffise, à l'appui de notre demande, de faire valoir que, en vertu de ces articles, ne peuvent être inscrits sur les listes électorales :

« Les citoyens condamnés pour attaques contre le « principe de la propriété et les droits de la famille ; les « condamnés pour vagabondage et mendicité ; pour délits « prévus par la loi sur les attroupements et la loi sur les « clubs, etc., etc. »

Cette simple énumération suffit, même sans commentaires, pour juger quelles « *coupes som-*

bres » ces odieux articles permettent d'opérer dans les rangs de la démocratie.

L'étude de cette question de la privation des droits politiques nous a entraîné à l'examen d'un principe philosophique de la plus haute importance. De la solution qui sera décidée par la Chambre peut dépendre une conception nouvelle des grandes idées de justice et d'humanité.

Il s'agit de savoir si notre société, qui contient tant d'iniquités et d'injustices de tous genres, peut s'arroger le droit d'être impitoyable envers ceux de ses membres qui ont commis une faute, et, dans le cas de condamnation même infamante, les priver POUR TOUJOURS de leurs droits civiques? De savoir, enfin, s'il est vraiment juste, s'il est vraiment logique, de perpétuer la déchéance civique d'un citoyen condamné au delà de l'espace de temps que dure la peine dont il est frappé? N'est-ce pas assez déjà de la déchéance morale que la condamnation *infamante* laisse subsister longtemps encore après l'expiration de la peine et qu'il n'appartient à aucune législation de pouvoir empêcher?

D'ailleurs, lorsque après avoir payé sa dette à la société, le condamné, à sa libération, rentre dans la vie commune, est-ce que la société le dispense de satisfaire désormais aux charges et aux devoirs sociaux? Aucunement. Pourquoi donc alors ne lui imposerait-elle rien que des « devoirs » sans lui restituer les « droits » corrélatifs dont il jouissait auparavant?

Pourquoi en ferait-elle une sorte de paria, l'incitant ainsi à la haine contre elle et à la rechute dans le mal?

Si ce principe était conservé dans notre droit pénal, qui donc ne comprendrait pas que la fatalité des choses continuerait d'établir, dans l'exercice du droit de vote, une démarcation qui serait tout à l'avantage des « riches », comme cela existe actuellement?

En effet, la cause pour ainsi dire unique de la criminalité est certainement la misère et les souffrances qu'elle engendre. Les statistiques criminelles des divers pays sont unanimes à confirmer que, pendant les périodes de crise économique plus ou moins accentuées, et pendant le chômage plus ou moins étendu qui en est la conséquence, la criminalité augmente d'une manière sensible. Il s'ensuit que, fatalement, c'est la classe des souffrants qui fournit toujours le plus grand nombre de condamnés.

Donc, du fait de la perpétuité de la déchéance civique, si elle était maintenue, la classe des prolétaires serait atteinte plus que toute autre; ELLE CONTINUERAIT D'ÊTRE, COMME ELLE L'EST AUJOURD'HUI, LA CLASSE LA PLUS AMOINDRIE DANS SA FORCE LÉGALE DE REVENDICATIONS!

Telles sont, en résumé, les raisons de justice

qui nous ont déterminé à présenter à la Chambre les articles 5, 6, 7, 8 et 9 de la présente proposition.

* * *

Enfin, nous avons encore voulu, par l'article 10, faire disparaître, dans le droit d'éligibilité, les « *inégalités de classe* » édictées par les paragraphes 3 et 4 de l'article 32 de la loi sur l'organisation municipale du 5 avril 1884.

Ces paragraphes sont ainsi rédigés :

« Ne peuvent être conseillers municipaux :

« § 3. — Ceux qui sont dispensés de subvenir aux charges « communales et ceux qui sont secourus par les bureaux « de bienfaisance;

« § 4. — Les domestiques attachés exclusivement à la « personne. »

La bourgeoisie soutient, contre nous, qu'il n'existe plus de « classes » depuis la Révolution de 1789 ! Cependant, dans sa législation, elle maintient de monstrueuses inégalités, comme celles ci-dessus relatées.

Nous demandons à la Chambre de les détruire : il est temps que la fameuse maxime : « *Tous les Français sont égaux devant la loi* » devienne enfin une vérité républicaine.

Par ces motifs, nous soumettons à la Chambre la proposition de loi ci-après :

PROPOSITION DE LOI

ARTICLE PREMIER. — Nul n'est élu, au premier tour de scrutin, s'il n'a réuni :

1º La majorité absolue du nombre des votants ;
2º Un nombre de suffrages égal au quart des électeurs inscrits.

ART. 2. — Le nombre des votants est, exactement, celui des émargements.

ART. 3. — La majorité se calcule d'après le nombre des votants, sans que ce nombre subisse une déduction quelconque.

Si, dans un premier tour de scrutin, le nombre des bulletins déposés dans les urnes est supérieur à celui des émargements, les bulletins excédents sont défalqués à chacun des candidats.

Pour le même cas, dans un second tour de scrutin, les bulletins excédents sont déduits au candidat ayant obtenu le plus grand nombre de voix. Si, après cette déduction, ce candidat reste celui ayant le plus grand nombre de voix, l'élection est valable et définitive. Si, au contraire, ce retranchement, de premier le fait passer second, comme il est impossible de faire une attribution judicieuse des bulletins trouvés en excédent, l'élection est nulle, et le collège électoral intéressé doit être convoqué à nouveau, dans un délai de deux mois au plus.

ART. 4. — Le procès-verbal des sections de vote, le tableau de proclamation des mairies et les journaux officiels relateront le résultat du scrutin dans l'ordre suivant :

A. Nombre des électeurs inscrits ;
B. Nombre des votants ;
C. Nombre des bulletins trouvés dans l'urne ;
D. Nombre des bulletins blancs ou illisibles ;
E. Nombre des bulletins *déclarés nuls*, c'est-à-dire de ceux qui ne contiennent pas une désignation suffisante, ou de ceux dans lesquels les votants se font connaître ;
F. Nombre des bulletins donnés aux divers candidats ;
G. Nombre des bulletins *divers*, c'est-à-dire portant des noms de citoyens non candidats ;
H. Nombre des bulletins *nuls*, c'est-à-dire de ceux énonçant toute autre chose qu'un nom quelconque.

Les bulletins *blancs ou illisibles*, les bulletins *déclarés nuls*, sont annexés au procès-verbal.

Art. 5. — Les condamnations prononcées en matière politique pour délits de presse, de parole, de réunion et d'association, ainsi que celles résultant de grèves ou faits connexes, ne peuvent donner lieu à la privation des droits civiques.

Art. 6. — La privation des droits politiques ne peut résulter du fait seul d'un jugement rendu. Pour être effective, elle doit être mentionnée, avec l'indication de sa durée, dans le texte même du jugement définitif qui prononce la condamnation.

Art. 7. — Tout individu condamné à la privation temporaire de ses droits politiques, pour une durée dépassant deux années, pourra néanmoins les recouvrer, *de droit*, deux ans après sa libération corporelle, si, pendant ces deux ans, il ne subit aucune condamnation le privant à nouveau de ses droits politiques.

Art. 8. — De même, celui contre qui la privation des

droits politiques aura été prononcée à perpétuité, pourra également les recouvrer, *aussi de droit,* mais seulement dix années après sa libération corporelle, et si, pendant ces dix années, il ne subit aucune condamnation le privant à nouveau de ses droits politiques (*).

ART. 9. — Les articles 15, 16, 27 et 28 du décret organique du 2 février 1852 sont abrogés.

En conséquence, les citoyens qui, par application de ces articles, sont actuellement privés de leurs droits politiques, les recouvreront dès la promulgation de la présente loi.

Pour faciliter aux intéressés de se faire réinscrire sur les listes électorales, la présente loi publiera, en annexes, le texte complet des susdits articles 15, 16, 27 et 28, ainsi qu'un tableau synoptique des incapacités édictées par le décret organique du 2 février 1852.

ART. 10. — En dehors des incompatibilités prévues par les lois, tous les citoyens, quelle que soit leur situation de fortune ou professionnelle, sont éligibles aux diverses fonctions électives, alors même qu'ils sont dispensés de subvenir aux charges communales, qu'ils sont secourus par les bureaux de bienfaisance, ou qu'ils soient des domestiques attachés exclusivement à la personne.

(*) A l'égard de la réhabilitation dans les droits civiques, le projet primitif était plus large; il était ainsi rédigé :

« La privation des droits civiques subsiste pendant la durée de la « peine infligée. A l'expiration de celle-ci, l'individu libéré rentre dans « la plénitude de ses droits politiques, sous l'obligation, bien entendu, « de satisfaire aux conditions requises pour l'électorat. »

Mais ce premier projet ayant été soumis à une Commission, celle-ci l'a amendé en adoptant le texte des articles 7 et 8 ci-dessus.

Nous avons conservé l'amendement de la Commission, laquelle était composée des citoyens Auguste Poutrel, Clovis Merson, Jules Descours et Durr, tous électeurs du onzième arrondissement. Néanmoins, il nous a semblé nécessaire de faire connaître l'idée primitive.

ART. 11. — La présente loi est applicable à l'Algérie et
aux colonies.

ART. 12. — Sont et demeurent abrogés tous lois, décrets,
articles de lois ou de décrets, qui sont contraires aux
dispositions de la présente loi.

ANNEXES

I

Articles 15, 16, 27 et 28 du décret organique du 2 février 1852.

Art. 15. — Ne doivent pas être inscrits sur les listes électorales :

1º Les individus privés *de leurs droits civils et politiques* par suite de condamnations soit à des peines *afflictives ou infamantes, soit à des peines infamantes seulement;*

2º Ceux auxquels les tribunaux jugeant correctionnellement ont interdit le droit de vote et d'élection, par application des lois qui autorisent cette interdiction;

3º Les condamnés pour crime à l'emprisonnement, par application de l'article 463 du Code pénal;

4º Ceux qui ont été condamnés à trois mois de prison, par application des articles 318 et 423 du Code pénal;

5º Les condamnés pour vol, escroquerie, abus de confiance, soustraction commise par les dépositaires de deniers publics, ou attentats aux mœurs prévus par les articles 330 et 334 du Code pénal, quelle que soit la durée de l'emprisonnement auquel ils ont été condamnés;

6º Les individus qui, par application de l'article 8 de la loi du 17 mai 1819 et l'article 3 du décret du 11 août 1848, auront été condamnés pour outrage à la morale publique et religieuse, ou aux bonnes mœurs, et pour attaque contre le principe de la propriété et les droits de la famille;

7º Les individus condamnés à plus de trois mois de

prison en vertu des articles 31, 33, 34, 35, 36, 38, 39, 40, 41, 42, 45, 46 de la présente loi;

8º Les notaires, greffiers et officiers ministériels destitués en vertu de jugements ou décisions judiciaires;

9º Les condamnés pour vagabondage ou mendicité;

10º Ceux qui auront été condamnés à trois mois de prison au moins, par application des articles 439, 443, 444, 445, 446, 447 et 452 du Code pénal;

11º Ceux qui auront été déclarés coupables des délits prévus par les articles 410 et 411 du Code pénal;

12º Les militaires condamnés au boulet ou aux travaux publics;

13º Les individus condamnés à l'emprisonnement par application des articles 38, 41, 43 et 45 de la loi du 21 mars 1832 sur le recrutement de l'armée (voir loi du 27 juillet 1872 sur l'armée);

14º Les individus condamnés à l'emprisonnement par application de l'article premier de la loi du 27 mars 1851;

15º Ceux qui ont été condamnés pour délit d'usure;

16º Les interdits;

17º Les faillis non réhabilités dont la faillite a été déclarée soit par les tribunaux français, soit par jugements rendus à l'étranger, mais exécutoires en France.

ART. 16. — Les condamnés à plus d'un mois d'emprisonnement pour rébellion, outrages et violences envers les dépositaires de l'autorité ou de la force publique, pour outrages publics envers un juré à raison de ses fonctions ou envers un témoin à raison de sa déposition, pour délits prévus par la loi sur les attroupements et la loi sur les clubs, et pour infractions à la loi sur le colportage, ne pourront pas être inscrits sur la liste électorale pendant cinq ans, à dater de l'expiration de leur peine.

. . . .

. . . .

Art. 27. — Sont déclarés indignes d'être élus les individus désignés aux articles 15 et 16 de la présente loi.

Art. 28. — Sera déchu de la qualité de membre du Corps législatif tout député qui, pendant la durée de son mandat, aura été frappé d'une condamnation emportant, aux termes de l'article précédent, la privation du droit d'être élu.

La déchéance sera prononcée par le Corps législatif, sur le vu des pièces justificatives.

II

TABLEAU

des incapacités édictées par le décret organique du 2 février 1852

NOMENCLATURE PAR ORDRE ALPHABÉTIQUE des crimes, délits et autres causes entraînant l'incapacité.	NATURE & DURÉE DES PEINES emportant l'exclu- sion de la liste électorale.	DURÉE de L'EXCLUSION.	ARTICLES du décret organique qui prononcent l'exclusion.
Abus de confiance. (C. P., art. 406 à 409.)	Emprison., quelle qu'en soit la durée	Perpétuelle.	Art. 15, § 5.
Arbre abattu, sachant qu'il appartient à autrui. (C. P., art. 445.)	Emprisonn. de 3 mois au moins.	Idem.	Art. 15, § 10.
Arbre mutilé, coupé et écorcé de manière à le faire périr, sachant qu'il appartient à autrui. (C. P., art. 446.)	Idem.	Idem.	Idem.
Attaque publique contre la liberté des cultes, le principe de la propriété et les droits de la famille. (L. 11 août 1848, art. 3.)	Quelle que soit la peine.	Idem.	Art. 15, § 6.
Attroupements (Délits prévus par la loi sur les). [L. 10 avril 1831 et 7 juin 1848.]	Emprisonnem. de plus d'un mois.	L'exclusion dure 5 ans à dater de l'expiration de la peine.	Art. 16.
Boissons falsifiées contenant des mixtions nuisibles à la santé (Vente et débit de). [C. P., art. 318.]	Emprisonnem. de 3 mois.	Perpétuelle.	Art. 15, § 4.
Clubs (Délits prévus par la loi sur les). [V. *Sociétés secrètes.*]	»	»	»
Colportage d'écrits (Infractions à la loi sur le). [L. 27 juillet 1849]	Emprisonnem. de plus d'un mois.	L'exclusion dure 5 ans à dater de l'expiration de la peine.	Art. 16.

NOMENCLATURE PAR ORDRE ALPHABÉTIQUE des crimes, délits et autres causes entraînant l'incapacité.	NATURE & DURÉE DES PEINES emportant l'exclusion de la liste électorale.	DURÉE de L'EXCLUSION.	ARTICLES du décret organique qui prononcent l'exclusion.
Crimes suivis d'une condamnation à des peines afflictives et infamantes (travaux forcés, déportation, détention et réclusion), ou à des peines infamantes seulement (bannissement, dégradation civique). [C. P., art. 7 et 8.]	Quelle que soit la durée de la peine.	Perpétuelle.	Art. 15, § 1.
Crimes suivis d'une condamnation à l'emprisonnement correctionnel en vertu de l'article 463 du Code pénal.	Idem.	Idem.	Art. 15, § 3.
Deniers publics soustraits par les dépositaires auxquels ils étaient confiés. (C. P., art. 169 à 171.)	Emprisonnement, quelle qu'en soit la durée.	Idem.	Art. 15, § 5.
Destruction de registres, minutes, actes originaux de l'autorité publique, titres, billets, lettres de change, effets de commerce ou de banque, contenant ou opérant obligation, disposition ou décharge. (C. P., art. 439.)	Emprisonnem. de 3 mois au moins.	Idem.	Art. 15, § 10.
Bulletin ajouté, soustrait ou altéré par les personnes chargées, dans un scrutin, de recevoir, compter ou dépouiller les bulletins contenant les suffrages des citoyens.	Emprisonnem. de plus de 3 mois.	Idem.	Art. 15, § 7; art. 35.
Lecture de noms autres que ceux inscrits.	Idem.	Idem.	Idem.
Inscription sur le bulletin d'autrui de noms autres que ceux qu'on était chargé d'y inscrire.	Idem.	Idem.	Art. 15, § 7; art. 36.
Collège électoral. (Irruption dans un collège électoral, consommée ou tentée avec violence, en vue d'empêcher un choix.)	Idem.	Idem.	Art. 15, § 7; art. 42.
Liste électorale. (Inscription obtenue sous de faux noms ou de fausses qualités, ou en dissimulant une incapacité prévue par la loi.)	Idem.	Idem.	Art. 15, § 7; art. 31.

ÉLECTIONS

NOMENCLATURE PAR ORDRE ALPHABÉTIQUE des crimes, délits et autres causes entraînant l'incapacité.	NATURE & DURÉE DES PEINES emportant l'exclusion de la liste électorale.	DURÉE de L'EXCLUSION.	ARTICLES du décret organique qui prononcent l'exclusion.
Liste électorale. (Inscription réclamée et obtenue sur deux ou plusieurs listes).	Emprisonnem. de plus de 3 mois.	Perpétuelle.	Art. 15, § 7; art. 31.
Opérations électorales retardées ou empêchées au moyen de voies de fait ou de menaces par des électeurs. — Bureau outragé dans son ensemble ou dans l'un de ses membres par des électeurs pendant la réunion. — Scrutin violé.	Idem.	Idem.	Art. 15, § 7; art. 45.
Opérations électorales troublées par attroupements, clameurs ou démonstrations menaçantes. — Atteinte portée à l'exercice du droit électoral ou à la liberté du vote.	Idem.	Idem.	Art. 15, § 7; art. 41.
Suffrages. Deniers ou valeurs quelconques donnés, promis ou reçus, sous la condition soit de donner ou de procurer un suffrage, soit de s'abstenir de voter. — Offre ou promesse faite ou acceptée, sous les mêmes conditions, d'emplois publics ou privés.	Idem.	Idem.	Art. 15, § 7; art. 38.
Suffrages influencés, soit par voies de fait, violences ou menaces contre un électeur, soit en lui faisant craindre de perdre son emploi ou d'exposer à un dommage sa personne, sa famille ou sa fortune. — Abstention de voter déterminée par les mêmes moyens.	Idem.	Idem.	Art. 15, § 7; art. 39.
Suffrages surpris ou détournés à l'aide de fausses nouvelles, bruits calomnieux ou autres manœuvres frauduleuses. — Abstention de voter déterminée par les mêmes moyens.	Idem.	Idem.	Art. 15, § 7; art. 40.

ÉLECTIONS *(suite)*

NOMENCLATURE PAR ORDRE ALPHABÉTIQUE des crimes, délits et autres causes entraînant l'incapacité.	NATURE & DURÉE DES PEINES emportant l'exclusion de la liste électorale.	DURÉE de L'EXCLUSION.	ARTICLES du décret organique qui prononcent l'exclusion.
ÉLECTIONS (suite) *Urne* contenant les suffrages émis et non encore dépouillés (Enlèvement de l').	Emprisonnem. de plus de 3 mois.	Perpétuelle.	Art. 15, § 7; art. 46.
Vote en vertu d'une inscription obtenue sous de faux noms ou de fausses qualités, ou en dissimulant une incapacité, ou en prenant faussement les noms et qualités d'un électeur inscrit.	Idem.	Idem.	Art. 15, § 7; art. 33.
Vote multiple à l'aide d'une inscription multiple.	Idem.	Idem.	Art. 15, § 7; art. 34.
Empoisonnement de chevaux ou autres bêtes de voiture, de monture ou de charge, de bestiaux à cornes, de moutons, chèvres ou porcs, ou de poissons dans des étangs, viviers ou réservoirs. (C. P., art. 452).	Emprisonnement de 3 mois.	Idem.	Art. 15, § 10.
Escroquerie. (C. P., art. 405.)	Emprisonnement, quelle qu'en soit la durée.	Idem.	Art. 15, § 5.
Faillite déclarée soit par les tribunaux français, soit par jugement rendu à l'étranger mais exécutoire en France. (C. com., art. 437 et suiv.)	»	L'exclusion cesse après la réhabilitation.	Art. 15, § 17.
Falsification de substances ou denrées alimentaires ou médicamenteuses destinées à être vendues. — Vente ou mise en vente de ces denrées, sachant qu'elles sont falsifiées ou corrompues. (L. 27 mars 1851 et 5 mai 1855, art. 1er.)	Emprisonnement, quelle qu'en soit la durée.	Perpétuelle.	Art. 15, § 14.
Greffe détruite. (C. P., art. 441.)	Emprisonnem. de 3 mois au moins.	Idem.	Art. 15. § 10.
Interdiction civile pour causes d'imbécillité, de démence ou de fureur. (C. civ., art. 489 et suivants.)	»	L'exclusion cesse à la levée judiciaire de l'interdiction (C. civ., art. 512).	Art. 15, § 16.

NOMENCLATURE PAR ORDRE ALPHABÉTIQUE des crimes, délits et autres causes entraînant l'incapacité.	NATURE & DURÉE DES PEINES emportant l'exclusion de la liste électorale.	DURÉE de L'EXCLUSION.	ARTICLES du décret organique qui prononcent l'exclusion.
Interdiction correctionnelle du droit de vote et d'élection. (C. P., art. 42, 86, 89, 91, 123; art. 6 de la loi du 23 janvier 1873 sur l'ivresse.)	»	La durée de l'exclusion est fixée par le jugement et court à dater de l'expiration de la peine.	Art. 15, § 2.
Ivresse, délit prévu par la loi du 23 janvier 1873, art. 3.	»	L'exclusion dure 2 ans à compter du jour où la condamnation est devenue irrévocable.	»
Jeux de hasard (Maisons de). [C. P., art. 410.]	Quelle que soit la peine.	Perpétuelle.	Art. 15, § 11.
Marchandises ou matières servant à la fabrication gâtées volontairement. (C.P., art. 443).	Emprisonnem. de 3 mois au moins.	Idem.	Art. 15, § 10.
Mendicité. (C. P., art. 274 à 279).	Quelle que soit la peine.	Idem.	Art. 1er, § 9.
Militaires condamnés au boulet ou aux travaux publics.	Quelle que soit la durée de la peine.	Idem.	Art. 15, § 12.
Mœurs (Attentats aux). [C. P., art. 330 et 334.]	Emprisonnement, quelle qu'en soit la durée.	Idem.	Art. 15, § 5.
Officiers ministériels (avoués, huissiers, greffiers, notaires) destitués en vertu de jugements ou de décisions judiciaires.	»	Idem.	Art. 15, § 5.
Outrage public à la morale publique et religieuse et aux bonnes mœurs. (L. 17 mai 1819, art. 8.)	Quelle que soit la peine.	Idem.	Art. 15, § 6.
Outrage public envers un juré à raison de ses fonctions ou envers un témoin à raison de ses dépositions. (L. 25 mars 1822, art. 6.)	Emprisonnem. de plus d'un mois.	L'exclusion dure 5 ans à dater de l'expiration de la peine.	Art. 16.
Outrages et violences envers les dépositaires de l'autorité ou de la force publique. (C. P., art. 222 à 230.)	Idem.	Idem.	Idem.

NOMENCLATURE PAR ORDRE ALPHABÉTIQUE des crimes, délits et autres causes entraînant l'incapacité.	NATURE & DURÉE DES PEINES emportant l'exclusion de la liste électorale.	DURÉE de L'EXCLUSION.	ARTICLES du décret organique qui prononcent l'exclusion.
Prêts sur gage ou nantissement (Maisons de) établies ou tenues sans autorisation légale. — Registre non tenu. (C. P., art. 411.)	Quelle que soit la peine.	Perpétuelle.	Art. 15, § 11.
Rébellion envers les dépositaires de l'autorité ou de la force publique. (C. P., art. 209 à 231.)	Emprisonnem. de plus d'un mois.	L'exclusion dure 5 ans à dater de l'expiration de la peine.	Art. 16.
Récoltes (Dévastation de). [C. P., art. 444.]	Emprisonnem. de 3 mois au moins.	Perpétuelle.	Art. 15, § 10.
Recrutement. Jeunes gens omis sur les tableaux de recensement par suite de fraudes ou de manœuvres. (L. 21 mars 1832, art. 38, et 27 juillet 1872, art. 60.)	Emprisonnement, quelle qu'en soit la durée.	Idem.	Art. 15, § 13.
Recrutement. Jeunes gens appelés à faire partie du contingent de leur classe, qui se sont rendus impropres au service militaire, soit temporairement, soit d'une manière permanente, dans le but de se soustraire aux obligations imposées par la loi. Complicité. (L. 21 mars 1832, art. 41, et 27 juillet 1872, art. 63.)	Idem.	Idem.	Idem.
Recrutement. Substitution ou remplacement effectués, soit en contravention à la loi, soit au moyen de pièces fausses ou de manœuvres frauduleuses. — Complicité. (L. 21 mars 1832, art. 43.)	Idem.	Idem.	Idem.
Recrutement. Médecins, chirurgiens ou officiers de santé qui, déjà désignés pour assister au conseil de revision ou dans la prévision de cette désignation, ont reçu des dons ou agréé des promesses pour être favorables aux jeunes gens qu'ils doivent examiner, ou qui ont reçu des dons pour une réforme justement prononcée. (L. 21 mars 1832, art. 45, et 27 juillet 1872, art. 66.)	Idem.	Idem.	Idem.

NOMENCLATURE PAR ORDRE ALPHABÉTIQUE des crimes, délits et autres causes entrainant l'incapacité.	NATURE & DURÉE DES PEINES emportaut l'exclusion de la liste électorale.	DURÉE de L'EXCLUSION.	ARTICLES du décret organique qui prononcent l'exclusion.
Service militaire à l'étranger pris par un Français majeur sans autorisation du Gouvernement. (C. civ., art. 21.)	»	L'exclusion dure jusqu'à ce que la qualité de Français ait été recouvrée.	Art. 12.
Sociétés secrètes. (D. 28 juill. 1848, art. 13.)	Emprisonnem. de plus d'un mois.	L'exclusion dure 5 ans à dater de l'expiration de la peine.	Art. 16.
Tromperie sur le titre des matières d'or ou d'argent ; sur la qualité d'une pierre fausse vendue pour fine ; sur la nature de toutes marchandises. (C. P., art. 423.)	Emprisonnement de 3 mois.	Perpétuelle.	Art. 15, § 4.
Tromperie par le vendeur ou l'acheteur sur la quantité des choses livrées, par l'usage de faux poids ou de fausses mesures ou d'instruments inexacts, ou par des manœuvres et des indications frauduleuses relatives au pesage ou au mesurage ; tentative de ces délits. (L. 27 mars 1851, art. 1er.)	Emprisonnement, quelle qu'en soit la durée.	Idem.	Art. 15, § 14.
Usure. (L. 3 sept. 1807 et 19 déc. 1850.)	Quelle que soit la peine.	Idem.	Art. 15, § 15.
Vagabondage. (C. P., art. 269 à 271.)	Idem.	Idem.	Art. 15, § 9.
Vol. (C. P., art. 379, 388 et 401.)	Emprisonnement, quelle qu'en soit la durée.	Idem.	Art. 15, § 5.

TABLE

——

Suresnes. — Imprimerie spéciale de la *Revue Socialiste*.
G. RICHARD et HUSSON, 9, rue du Pont.

186